好疼呀！

好疼呀！

松冈达英　文／图

蒲蒲兰　译

连環画出版社

蹦一

蹦

呜哇——

好疼呀！

沙拉　　沙拉　　沙拉

呜哇——

好 疼 呀！

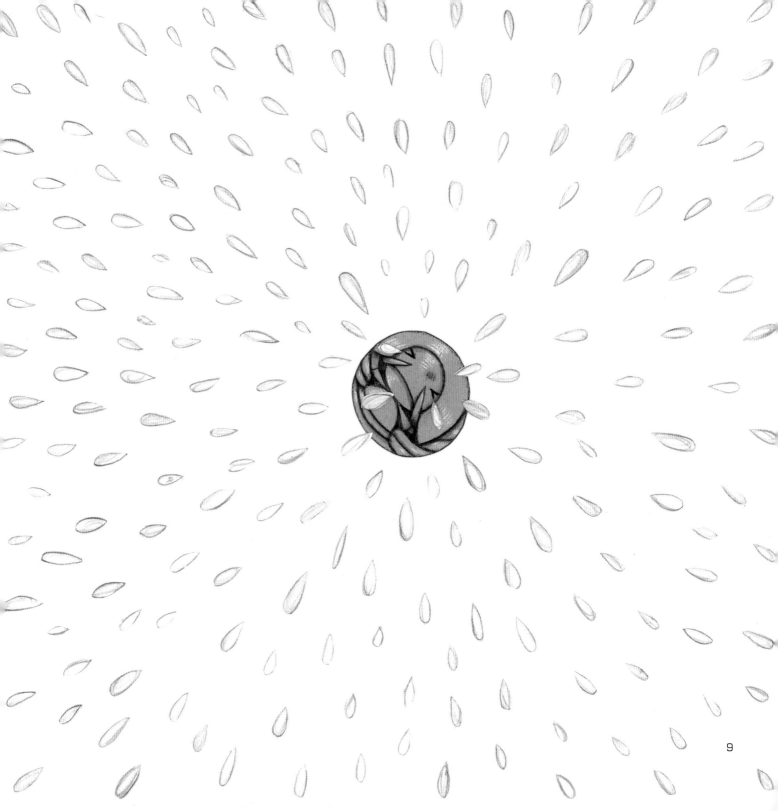

嗒 嗒 嗒 嗒

汪！哇一

好疼呀！

啪嗒　　啪嗒　　啪嗒　　啪嗒

呜 哇一

好疼呀！

嗖—— 嗖——

喵呜—— 喵呜——

好疼呀！

跳呀　　跳呀　　跳呀

呜哇——

好疼呀！

哎呀 哎呀 哎呀 怎么了?

26

哟，真可怜！
很疼吧，很疼吧……

很疼吧，很疼吧……

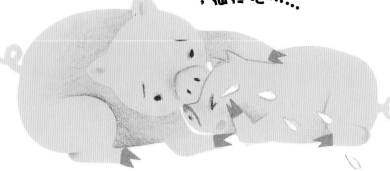

很疼吧，很疼吧……

"疼疼"飞走喽——

"疼疼"飞走喽——

"疼疼"飞走喽——

"疼疼"飞走喽——

好危险的石头，
快把它运走吧！

松冈达英

　　1944年生于日本新泻县长冈市。他创作了大量以自然为主题的绘本。主要作品有《还没来吗》、《是谁呀》、《做朋友吧》、《鼹鼠博士的地震探险》、《蹦！》、《洞》、《脚印》、《接尾令》、《尼尼》、《骨碌骨碌》、《无法忘记七级新泻县中越地震》（白杨社）、《雨蛙旅客 蜻蜓池探险》、《郊游图鉴》（福音馆）、《找雨蛙吃吧！野草莓教室》（旺文社）、《昆虫的生活》（幻冬舍）、《丸子博士观察记》（小学馆）等。

ITAIYO ITAIYO
Text & Illustrations Copyright
© 2009 by Tatsuhide Matsuoka
All rights reserved.
First published in Japan in 2009 by
POPLAR Publishing Co., Ltd.
Simplified Chinese edition arranged with
POPLAR Publishing Co., Ltd.
Simplified Chinese translation copyright
© 2010 by Beijing Poplar Culture Project Co., Ltd.

本书原出版者为日本白杨社，
经授权由中国美术出版总社 连环画出版社出版发行。
著作权合同登记号：01-2017-8041

蒲蒲兰绘本馆　　好疼呀！好疼呀！

松冈达英 文/图　蒲蒲兰 译

责任编辑：朱　薇　陈欣欣
特约编辑：李　波　尹成彬
出版发行：连环画出版社
　　　　　（100735 北京市东城区北总布胡同32号）
制版印制：北京中科印刷有限公司
版　　次：2010年10月第1版第1次　2019年1月第1版第9次印刷
开　　本：889mm×1194mm 1/20
印　　张：2
ISBN 978-7-5056-1281-5-01
定　　价：29.80元